DU POUVOIR

ET

DE L'OBÉISSANCE

EN POLITIQUE

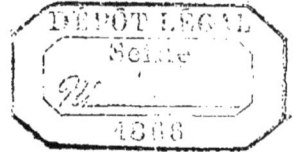

PAR

ADOLPHE TEISSIER

« O France!... Trop longtemps égarée dans l'immense océan des révolutions, il me semble te voir, d'un pas rapide, marcher vers le point lumineux, où sera le repos de ta course.

« O France de Charlemagne, de saint Louis, de Henri IV, de Louis XIV et de Napoléon, tu es la France chérie de Dieu!!... Puisses-tu grandir dans ta splendeur!!!...

PARIS

E. DENTU, ÉDITEUR,

LIBRAIRE DE LA SOCIÉTÉ DES GENS DE LETTRES

17, 19, GALERIE D'ORLÉANS

1866

PARIS. — IMP. VICTOR GOUPY, RUE GARANCIERE., 5.

A NAPOLÉON III

Monarque généreux ! je destine ma lyre
A chanter la grandeur du florissant Empire.....
  Reçois l'hommage de mes vers,
Toi qui donnas la force à la France épuisée,
  Et de tous côtés oppressée !
    Toi qui brisas ses fers,
Respire avec bonheur, à l'abri de l'envie,
  Le doux parfum de la fleur du génie
Sur cette terre aimée, et dans les cieux bénie ! !.....

INTRODUCTION

L'auteur de cet écrit sera, je le crois, par quelques-uns accusé de hardiesse et de témérité, pour avoir traité un sujet aussi délicat.

Il en demande sincèrement pardon à ses lecteurs. S'il a abordé cette question sérieuse, c'est dans l'unique but de démontrer que, les devoirs dont il s'agit dans cet opuscule, étant bien observés la tranquillité sera durable, le repos affermi, la félicité assurée.

DU POUVOIR

ET DE

L'OBÉISSANCE EN POLITIQUE

Pour que le bonheur des États soit suffisamment garanti, il est de la plus haute importance de faire connaître aux sujets leurs devoirs à l'égard des dépositaires de l'autorité civile.

Dieu nous déclare lui-même que le pouvoir de la terre est dans sa main. N'oublions jamais que celui qui résiste aux puissances, résiste à l'ordre du Ciel, et attire sur lui une terrible condamnation. Dans la vue de nous y soustraire, l'Apôtre des nations nous exhorte en ces termes : « Rendez à chacun ce qui lui est dû, le « tribut à qui vous devez le tribut, les impôts à qui vous devez « les impôts, la crainte à qui vous devez la crainte, l'honneur à qui « vous devez l'honneur. Ne demeurez redevables de rien à per- « sonne, si ce n'est de l'amour qu'on se doit les uns aux autres ; « celui qui aime son prochain, accomplit la loi. » On ne doit pas censurer l'autorité par haine, ou par vengeance, ni en exiger une protection chimérique, mais lui porter honneur et respect, surtout suivre l'avis de saint Paul, qui veut que l'on fasse des prières, des demandes et des actions de grâces pour tous les hommes, plus particulièrement pour ceux qui nous gouvernent, afin que nous menions (sous leur conduite) une vie paisible et tranquille. C'est encore une obligation de conscience pour les sujets qui connaîtraient quelques trames ou conspirations contre la sûreté des gouvernants, de les révéler à qui de droit. L'immortel Mardochée agit ainsi lorsqu'il découvrit le complot de Bagathan et Tharès, contre le roi Assuérus. Il l'annonça aussitôt à la reine Esther, et celle-ci au roi, au nom de Mardochée. Les recherches faites, le complot reconnu, tous deux furent pendus, et l'on écrivit ce fait dans les histoires et les annales, par ordre du roi.

Enfin, si, pour sauver le gouvernement, qui fait le bonheur de la patrie, il fallait combattre au péril de sa vie, on devrait le faire sans hésiter, et même, à l'exemple d'Éléazar, mourir généreusement pour les lois justes et saintes de son pays, laissant, comme ce vénérable vieillard, non-seulement aux jeunes gens, mais aussi à toutes les nations, un grand exemple de vertu et de fermeté dans le souvenir d'une mort utile et glorieuse.

Toutes les lois divines et humaines réclament puissamment contre les sujets qui, par des trames honteuses de révolte et de sédition, s'efforcent d'ébranler la soumission due aux souverains. Que ne peuvent tous les peuples de notre siècle imiter la belle conduite des premiers chrétiens, nos modèles à tous, qui, pour ne pas se souiller d'une tache aussi déshonorante, ne cessèrent, même au milieu des persécutions, de servir fidèlement les empereurs, et de travailler au salut de l'empire, non-seulement par leur exactitude à faire ce qui leur était ordonné, et qui n'était pas contraire à la religion, mais encore par leur courage, et en répandant leur sang dans les combats !

Heureuses les nations qui savent comprendre tout le bien que la foi catholique procure aux sociétés humaines, et plus heureuses celles qui ont toute la docilité qu'inspire la pureté de sa morale, et qu'exige sa doctrine consolante ! » Les sociétés humaines, ou les « divers États politiques, sont l'œuvre de Dieu lui-même. »

Après la multiplication des hommes, la droite raison ayant montré que l'établissement des sociétés humaines était indispensable à l'ordre et à la conservation du genre humain, Dieu, auteur de la loi naturelle, doit être également considéré comme auteur des sociétés civiles, et conséquemment du pouvoir souverain, sans lequel elles ne sauraient être conçues. Aussi, dans l'Écriture sainte, Dieu approuve-t-il l'autorité des souverains, et veut qu'on la regarde comme venant de lui, ordonnant, sous des peines très-rigoureuses, de professer pour leur personne un profond respect, et de se soumettre à leur volonté : « Le prince est le ministre de Dieu, l'exé- « cuteur de sa vengeance à l'égard de celui qui fait le mal. » Le titre de souverain, selon son extension, convient plus spécialement à Dieu, créateur du ciel et de la terre, qui a un droit immuable à toute l'obéissance de l'homme. Jérémie a dit : « Qui ne vous crain- « dra pas, Roi des nations? Dans tous les royaumes, nul n'est sem- « blable à vous, Seigneur! » Par délégation, cependant, les rois de ce monde possèdent une large part de cette souveraineté par excel- lence, dont la plénitude réside en Dieu seul, et nous devons le croire d'après ces paroles : « Par moi les rois dominent, et les législateurs « rendent les lois. » Oui, Dieu donne à chaque peuple son gouver- neur : « Dans la main de Dieu est le pouvoir de la terre ; il suscitera, « en son temps, un prince sage pour la gouverner, et il a élevé un « roi sur chaque nation. » Il est donc vrai que l'autorité souveraine est une émanation réelle de l'autorité divine. Aussi, la religion place- t-elle le monarque immédiatement après Dieu.

Faire du devoir des sujets un acte de religion, n'est pas trans- férer à la créature le culte dû seulement au Créateur, c'est affer- mir, c'est épurer, c'est ennoblir l'obéissance ; l'incrédulité la rend incertaine et flottante, mais la religion, qui lui donne un motif si grand, en fait l'appui le plus ferme de l'ordre public. La religion met l'ordre dans la société, parce que, seule, elle donne la raison du pouvoir et des devoirs. Au sentiment de Plutarque, on bâtirait plutôt une ville dans les airs, que de constituer un État, en ôtant la croyance des dieux. L'ignorance du vrai Dieu, dit Platon, est pour les États, la plus grande de toutes les calamités ; et qui renverse la religion, détruit la base de la société humaine. Les villes et les nations, les plus attachées au culte divin, ont toujours été les plus durables et les plus sages, et les siècles les plus religieux ont tou- jours été les plus distingués par le génie. Par ses maximes et par son esprit, la religion est incompatible avec les doctrines d'anarchie ; elle nous dit par la bouche de saint Pierre : « Soyez soumis, pour « l'amour de Dieu, soit au souverain, soit aux gouverneurs, comme

« à des hommes envoyés par lui, pour punir les méchants et ré-
« compenser les bons. Rendez l'honneur à tous, aimez vos frères,
« craignez Dieu et respectez votre chef. »

En plaçant dans le ciel l'origine du pouvoir, le christianisme
l'établit sur une base inébranlable ; ne pas se soumettre aux puissances, c'est se révolter contre Dieu même. Rejetez l'autorité, et à
l'instant même vous devenez l'esclave de vos passions et de celles
des autres. Sans l'autorité, nous ne pouvons tirer aucun profit du
passé ; nous n'avons aucun droit sur l'avenir, et le présent lui-
même est trouble et confusion !

L'établissement de la religion chrétienne, il est vrai, a été pour
ouvrir à l'homme le chemin du ciel ; et cependant, il n'a pas laissé
de la munir des instructions les plus nécessaires au bonheur des sociétés civiles. Ces instructions suivies, les gouvernants n'abuseraient
jamais de l'autorité souveraine ; les sujets ne se nuiraient point les
uns aux autres ; ils obéiraient toujours, avec la plus grande fidélité,
à leur souverain. La soumission et la patience sont au nombre des
choses principales le plus recommandées par l'Évangile. Un prince
infidèle qui tolérerait les chrétiens, ou les vexerait, n'aurait rien à
craindre, ni de leurs intrigues, ni de leurs intelligences avec l'en-
nemi, ni de leurs mutineries, s'ils se conformaient aux ordres et à
l'esprit de leur religion. L'empire romain, persécuteur de la foi chrétienne, en a fait l'épreuve pendant des siècles.

Soit donc que l'on considère les chrétiens comme répandus dans
un pays où domine une autre religion, soit donc qu'on les considère
comme les seuls membres d'une société, ils ne troubleront jamais,
on le comprend bien, le repos public ; ils n'entreprendront jamais
de changer le gouvernement, si toutefois ils suivent les principes de
Jésus-Christ et de ses apôtres ; ils ne voudront jamais, non plus,
s'emparer des biens d'une autre société, ni exciter des séditions
dans leur patrie. La religion chrétienne bien observée est le moyen
le plus efficace pour conserver les sociétés et les Etats. Alors le
pouvoir devient la volonté de l'intelligence suprême. L'Ecriture nous
en fournit la preuve par ces paroles adressées à Moïse : « Vous
« établirez des juges et des magistrats à toutes les portes des villes
« que le Seigneur vous aura données, dans chacune de vos tribus,
« afin qu'ils jugent le peuple par un juste jugement. » D'après ces

expressions, les volontés de Dieu sont l'unique loi de l'homme, et son bonheur, ainsi que sa liberté, consistent à les connaître et à s'y soumettre. L'autorité est justifiée, l'obéissance ennoblie, et l'homme, qui comprend ses devoirs, doit craindre de commander, et s'honorer d'obéir.

Avec cette idée sublime que le prince est le ministre de Dieu pour notre bien, et l'exécuteur de sa vengeance à l'égard de celui qui fait le mal, la justice désarme la force ; le faible et le pauvre trouvent appui et protection contre les iniques oppresseurs ; la vile tyrannie des passions est remplacée par le noble empire de la conscience. Le chrétien n'obéit pas seulement au pouvoir, il l'aime parce qu'il émane de la Divinité, et qu'il est, dans la société, son image et son représentant. Cet amour réciproque, fruit d'un échange d'obéissance et de bienfaits, devient la plus solide sauvegarde de la stabilité des gouvernements et de la félicité des peuples. La doctrine qui affermit le pouvoir, est aussi celle qui le tempère et l'adoucit. Le pouvoir social est la puissance paternelle dans la société. Isaïe raconte ainsi la puissance enlevée à l'usurpateur Jobna, pour être remise entre les mains d'Eliacin : « Il sera comme le père des habitants de Jérusalem et de la tribu de Juda. » Un esprit général de bienveillance mutuelle et d'amour véritable, est le fond de tous les préceptes du christianisme. S'il dit aux pères : « N'irritez pas vos enfants ; » aux maîtres : « Témoignez de l'affection à vos serviteurs, » il dit aussi : « Soumettez-vous aux puissances, non-seulement par la crainte d'un châtiment, mais encore par un devoir de conscience. » Dieu est un Dieu de paix, et non de désordre, selon l'enseignement du grand Apôtre. Au-dessus du monarque, il n'y a d'autorité que dans le ciel. Otez le frein salutaire de la religion, qui est-ce qui empêchera celui qui peut tout, de tout oser ? Si l'astre bienfaisant, qui éclaire et vivifie le monde, pouvait s'écarter un moment de la route que Dieu lui a tracée, il irait porter, dans l'univers entier, l'incendie. De même, l'autorité souveraine établie par le Tout-Puissant au-dessus de la société pour veiller sur elle, pour la maintenir, la protéger, la défendre, l'autorité souveraine, ce don si précieux que la société ne pourrait assez reconnaître, ne portera dans son sein que le trouble et la confusion, si elle enfreint les lois saintes dictées par le Créateur. Mais le monarque chrétien sait qu'il y a dans les cieux un souverain plus puissant que lui. Prosterné devant son trône redoutable, il écoute avec terreur les arrêts qui en émanent, et tâche de régler ses propres décrets en conformité de la loi suprême du divin législateur. La religion sainte, mieux connue, éloignant le fanatisme, a donné plus de douceur aux mœurs chrétiennes. Ce changement n'est point l'ouvrage des lettres ; partout où elles ont brillé, l'humanité n'en a pas été plus respectée : témoins les cruautés des Athéniens, des Chinois, des Egyptiens et des empereurs de Rome. Il existe donc pour les gouvernants et pour les gouvernés, une autorité divine ; l'idée d'un être suprême doit rester profondément gravée dans les esprits, et hautement reconnue par les constitutions de chaque nation. Aussi, Montesquieu ne craint pas d'avouer que les principes du Christianisme font plus que l'honneur dans les monarchies, la vertu dans les républiques, et la crainte dans les Etats despotiques. Bien que les lois d'un pays soient en tout conformes au dogme évangélique, elles ne doivent cependant faire le bonheur réel de ceux qu'elles régissent, qu'autant que les chefs préposés pour en assurer l'exécution possèdent les vertus qu'elles inspirent, et donnent l'exemple de la morale qui en découle. Un souverain est l'image de Dieu et le ministre de sa providence toujours juste et bienfaisante. Quand la souveraine puissance fut donnée à Simon Machabée, le décret porta que tous les actes publics seraient écrits en son nom, et qu'il serait revêtu de pourpre et d'or ; et nous savons que Pharaon répondit aux Egyptiens qui lui demandaient du pain : « Allez à Joseph, et faites tout ce qu'il vous dira. » Au nombre des obligations imposées aux chefs des gouvernements, dans l'intérêt des sujets, se trouvent certaines vertus auxquelles on peut donner le nom de « spéciales : » d'abord, la « Justice, » suivant les paroles remarquables du roi Josaphat aux juges qu'il établit sur toutes les villes de la tribu de Juda : « Prenez garde à tout ce que vous « ferez ; ce n'est pas la justice des hommes que vous exercez, « mais la justice du Seigneur ; et tout ce que vous aurez jugé, « retombera sur vous. Que la crainte du Seigneur soit avec vous, « et faites tout avec soin, parce qu'il n'y a point d'injustice dans « le Seigneur, notre Dieu. Vous ferez donc toutes choses avec « fidélité, avec un cœur parfait, et toujours dans la crainte de ce

« Dieu qui fait justice à l'orphelin et à la veuve, et qui lui donne
« la nourriture et le vêtement ; de ce Dieu qui exauce la prière du
« faible, et recueille dans son sein les larmes de l'opprimé. » L'ini-
quité est maudite aux yeux du souverain, parce que son trône s'affermit sur la justice. En second lieu, doit briller la « Sagesse ; » le
Seigneur a dit : « Aimez la lumière de la Sagesse, vous tous qui
« présidez sur les peuples !... » La Douceur vient ensuite, confor-
mément à ce précepte : « Ne soyez pas comme un lion dans votre
« maison, opprimant vos sujets et vos domestiques. Un chef n'est
« pas donné pour qu'il inspire de la crainte à ceux qui font bien,
« mais à ceux qui font mal. A l'exemple de Moïse qui fut le plus
« doux des hommes, faites vos affaires avec mansuétude, et vous
« élèverez votre gloire au-dessus de tous les mortels. » Puis, doit
se faire remarquer la Clémence, telle que Saül la possédait, cette
clémence dont les Syriens ressentirent les heureux effets, lorsqu'ils
demandèrent la vie à Achab, leur vainqueur. Ils avaient appris que
les rois de la maison d'Israël étaient cléments, et par ce motif, ils
osent aller implorer la bonté d'Achab, qui répond dignement à leur
confiance, et leur accorde, avec la vie, la liberté de Bénadab, son
prisonnier, avec lequel il fait alliance.

La clémence d'un souverain est comme la nuée du soir. Les peuples
attendent ses paroles qui sont une rosée, et ils y ouvrent leur bouche
comme on fait à la pluie de la belle saison. La rosée rafraîchit l'ar-
deur du jour, et une douce parole est préférable au bienfait. La parole douce multiplie les amis, apaise les ennemis, et la grâce
abonde sur les lèvres de l'homme de bien. Dieu, en nous faisant
sociables, nous a permis la société, ou plutôt nous l'a prescrite ; en
nous donnant des talents pour le bonheur de nos semblables, il a
voulu que la félicité des hommes fût l'objet de nos soins, et que
nous mettions tout notre zèle à y contribuer.

La clémence devrait rester profondément gravée dans l'âme de
ceux que Dieu fait participants de la souveraine puissance. Ils sauraient que la bonté, qui doit les caractériser éminemment, ne peut
être altérée en aucune circonstance, pas même par l'ingratitude de
ceux qui en sont l'objet. Le peuple juif, ingrat jusqu'au dernier
point, voulait lapider Moïse. Pendant cette fureur, Moïse plaide la
cause de ces ingrats devant Dieu. Il se dévoue pour eux : « Sei-

« gneur ! s'écrie-t-il, ou pardonnez-leur cette faute, ou effacez-moi
« du livre que vous avez écrit. » David imite Moïse. Son peuple
avait suivi la révolte d'Absalon et celle de Séba. Il se sacrifie, lui
et sa famille, pour ce peuple tant de fois rebelle. « Seigneur, dit-il,
« c'est moi qui ai péché et qui ai agi injustement. Ceux-ci, qu'ont-
« ils fait?... Que votre main se tourne contre moi et contre la mai-
« son de mon père! » Après une grande victoire, Saül refusa de se
venger de cette partie du peuple qui n'avait pas voulu lui obéir. On
lui propose de mettre à mort les révoltés, il répond : « On ne fera
« mourir personne en ce jour, parce que le Seigneur a sauvé
« Israël. »

D'après ce simple exposé, nous sommes autorisé à conclure :
la puissance d'un souverain émane directement du Créateur de
toutes choses, qui en a fixé l'étendue et les bornes, puisqu'il a dit :
« Il n'y a point d'autorité qui ne soit de Dieu. »

La main de Dieu est sur les princes qui le cherchent sincèrement;
Dieu leur est favorable, tandis que son empire, sa force et sa fureur tombent sur ceux qui l'abandonnent.

Que les princes se persuadent bien que la cause de la religion
doit leur être plus chère que celle de leur trône ; il importe beau-
coup, nous le redisons après le pontife saint Léon, que la couronne
de la foi soit ajoutée, de la main du Seigneur, à leur diadème! Pla-
cés comme pères et tuteurs des peuples, ils leur procureront, pour
longtemps, une paix et un repos vrais et prospères, s'ils mettent
tous leurs soins à maintenir intactes la religion et la piété envers
Dieu, qui domine l'empire des hommes, et qui donne les couronnes
à qui il lui plaît. Un gouvernement démocratique sacrifie tout au
peuple ; un gouvernement bourgeois ou purement commercial, à la
bourgeoisie et aux marchands ; un gouvernement aristocratique,
aux grands; un gouvernement oligarchique, à quelques familles;
un gouvernement socialiste sacrifierait l'État à des spoliateurs; un
gouvernement monarchique, planant au-dessus de ces divers inté-
rêts, de tous ceux qui se groupent dans la nation, seul les peut voir
et maintenir dans leurs justes positions et proportions, la justice
distributive ; seul, il peut guider et stimuler la nation dans son en-
semble vers les progrès de l'avenir.

Si un chef maintient l'ordre dans le pays et la gloire nationale intacte, on irait s'imposer, de gaîté de cœur, l'obligation de le changer pour se rejeter dans les inquiétudes et les troubles. Quelle démence! quelle folie!... Le système monarchique, règle de prudence et de stabilité, voilà le seul gouvernement convenable à une grande nation, mûre pour toutes les libertés, et jalouse de recéler en son sein tous les genres de grandeurs!... Voilà le seul gouvernement qui puisse être glorieux pour la France, qui puisse y édifier des monuments capables et dignes d'être les inébranlables témoins de sa nationalité à travers la longue suite des siècles futurs, et de leur servir de contemplation et de modèles.

Puisses-tu, ô ma Patrie! guidée par la haute sagesse du héros qui nous gouverne, et qui possède, à un degré si éminent, la JUSTICE, la CLÉMENCE et la DOUCEUR, puisses-tu continuer ta belle mission de puissance aimée du ciel, et la rendre sainte à tous les peuples du monde, par l'empire de tes exemples, par la gravité de tes vertus!..... Puisses-tu, de plus en plus, briller de l'éclat resplendissant qu'a jeté sur toi l'illustre rejeton du plus fameux capitaine de tous les siècles!

Soyons fidèles à Napoléon III!..... Le génie, inséparable des grands hommes, l'a fait notre souverain. Le ciel l'avait destiné à monter sur le trône de France, à ceindre de la couronne impériale son front noble et auguste.

La digne épouse de l'Empereur mérite aussi, de tous les cœurs français, l'hommage et la vénération. L'âme bienfaisante de cette gracieuse Impératrice est un trésor d'amour pour le riche, de consolation pour le pauvre. Avec eux, nous vivrons en pleine prospérité;

avec eux, la paix et l'union fleuriront parmi nous. Ce qu'ils veulent, ce qu'ils ambitionnent, c'est le bonheur de leur peuple !

Puisse le ciel couronner leurs généreux efforts !..... Puisse l'Etre éternel, le Dieu incréé, avoir en sa sainte garde le glorieux enfant de France sur qui reposent de vastes espérances !!!

www.ingramcontent.com/pod-product-compliance
Lightning Source LLC
Chambersburg PA
CBHW060723280326
41933CB00013B/2549